Ivo Korytowski

Acordo ortográfico:

O que muda e o que continua igual na língua portuguesa

Acordo ortográfico: o que muda e o que continua igual na língua portuguesa

Copyright© Editora Ciência Moderna Ltda., 2008.
Todos os direitos para a língua portuguesa reservados pela EDITORA CIÊNCIA MODERNA LTDA.
De acordo com a Lei 9.610 de 19/2/1998, nenhuma parte deste livro poderá ser reproduzida, transmitida e gravada, por qualquer meio eletrônico, mecânico, por fotocópia e outros, sem a prévia autorização, por escrito, da Editora.

Editor: Paulo André P. Marques
Supervisão Editorial: Camila Cabete Machado
Diagramação: Janaína Salgueiro
Capa: Márcio Carvalho
Assistente Editorial: Aline Vieira Marques

Várias **Marcas Registradas** aparecem no decorrer deste livro. Mais do que simplesmente listar esses nomes e informar quem possui seus direitos de exploração, ou ainda imprimir os logotipos das mesmas, o editor declara estar utilizando tais nomes apenas para fins editoriais, em benefício exclusivo do dono da Marca Registrada, sem intenção de infringir as regras de sua utilização. Qualquer semelhança em nomes próprios e acontecimentos será mera coincidência.

FICHA CATALOGRÁFICA

KORYTOWSKI, Ivo.
Acordo ortográfico: o que muda e o que continua igual na língua Portuguesa
Rio de Janeiro: Editora Ciência Moderna Ltda., 2008.

1. Gramática da Língua Portuguesa
I — Título

ISBN: 978-85-7393-772-5   CDD 469.5

Editora Ciência Moderna Ltda.
R. Alice Figueiredo, 46 – Riachuelo
Rio de Janeiro, RJ – Brasil   CEP: 20.950-150
Tel: (21) 2201-6662/ Fax: (21) 2201-6896
LCM@LCM.COM.BR
WWW.LCM.COM.BR

12/08

A principal vantagem dos estudos da língua é que com eles não perdemos a pele, nem a paciência, nem, finalmente, as ilusões, como acontece aos que se empenham na política.

(Machado de Assis, "Bons Dias", 20 de abril de 1889)

Algumas pessoas acham que a acentuação das palavras é uma complicação inútil, que deveria ser abolida, mas graças a ela conseguimos distinguir o "**coco** da Bahia" do "**cocô** do bebê", o "**sabiá** cantador" de "você **sabia**? (verbo saber)" e da "mulher **sábia**". Se você ainda não se convenceu da importância do acento, tente escrever **cágado** sem o acento e veja o que acontece com o pobre animalzinho!

(Ivo Korytowski, *Erros nunca mais*, pág. 63)

Introdução

Sabemos que existem diferenças entre a língua portuguesa falada em diferentes países: Brasil, Portugal, Angola, Moçambique. Um brasileiro que lê Saramago sente imediatamente essas diferenças (o único escritor de língua portuguesa a ganhar o Nobel impôs a condição de que as edições brasileiras de sua obra conservassem a ortografia original, lusitana). O próprio corretor ortográfico distingue entre o português do Brasil e o de Portugal.

Quais os tipos de diferenças entre o português de terras brasileiras e o dos nossos irmãos do outro lado do Atlântico? Primeiro existem as diferenças entre palavras. **Ônibus** em Portugal é **autocarro. Freio** é **travão**. (Este tipo de diferença existe também entre regiões diferentes do Brasil, caso da **mandioca/aipim/macaxeira** ou do **sinal** carioca *versus* o **farol** paulista). Este tipo de variação não é afetado pelo acordo ortográfico. Não se podem obrigar os brasileiros a chamar o ônibus de autocarro, nem os portugueses a chamar o travão de freio.

Depois vêm as diferenças de pronúncia, caso dos sons abertos e fechados. **Antônio** em Portugal é **António**. Essas divergências também são consagradas pelo hábito e permanecem.

VI | Acordo ortográfico

O que o acordo ortográfico visa é unificar a maneira de escrever as palavras. As diferenças de grafia são tamanhas que livros editados em Portugal não se prestam ao mercado brasileiro, e vice-versa. No Brasil, escrevíamos "qüinqüênio" com dois tremas; os portugueses escrevem sem trema nenhum. Portugal preservava uma série de consoantes mudas que nós, brasileiros, há muito abandonamos: "director", "acção", "Egipto". A ideia do acordo ortográfico é que, se não podemos eliminar as diferenças entre as palavras nem entre as pronúncias, que ao menos todos os países de língua portuguesa escrevam as palavras (quase) da mesma maneira.[1]

O Acordo Ortográfico da Língua Portuguesa foi assinado por representantes de Angola, Brasil, Cabo Verde, Guiné-Bissau, Moçambique, Portugal e São Tomé e Príncipe em Lisboa, em 16 de dezembro de 1990, ao cabo de uma negociação, iniciada em 1980, entre a Academia de Ciências de Lisboa e a Academia Brasileira de Letras. Depois de obter a sua independência, Timor-Leste aderiu ao Acordo em 2004.[2] Uma série de resistências e dificuldades práticas atrasaram a sua entrada em vigor. Só agora, por ocasião do centenário de morte de Machado de Assis, o presidente Lula assinou quatro decretos de promulgação do Acordo Ortográfico dos países de Língua Portuguesa, que passa a vigorar por aqui em 2009.

---

1 Por que o quase? perguntará o leitor. Porque nos casos das diferenças de pronúncia aberta/fechada os acentos continuarão diferindo: Antônio no Brasil continuará sendo Antônio e António no ultramar continuará sendo António. É isso aí!
2 Informação obtida na Wikipedia.

Vejamos, portanto, o que muda e o que continua igual na língua portuguesa com a entrada em vigor do acordo ortográfico. Mas antes, vão aqui três dicas de amigo.

Três Dicas

Se, ao ler as explicações a seguir, você se sentir inseguro sobre algum ponto e achar que, na prática, na hora em que for escrever, a memória vai falhar e você vai acabar errando, vão aqui três dicas:

1. A primeira dica, dei-a também no meu *Erros nunca mais*:[3] NÃO DIRIJA SEM CINTO DE SEGURANÇA, NEM ESCREVA SEM CORRETOR ORTOGRÁFICO. Com o corretor ortográfico as suas chances de errar despencam. Assim que estiverem disponíveis corretores adaptados à ortografia nova, não deixe de adquirir.

2. Muitas palavras afetadas pelo acordo ortográfico (ou palavras não afetadas mas sobre as quais pode pairar dúvida) constam do Anexo 1 deste livro, "Vocabulário exemplificativo (em ordem alfabética)". Na hora da dúvida ("vôo" continua acentuado ou agora se escreve "voo"?) vá ao Anexo.

3. Não deixe de adquirir um dicionário da língua portuguesa atualizado, por exemplo, o *Michaelis Dicionário Escolar da Língua Portuguesa com Nova Ortografia*, o *Minidicionário Houaiss da Língua Portuguesa: Adaptado À Reforma* ou o *Minidicionário Aurélio*. Palavras que não constarem do meu anexo, lá com certeza você encontrará.

---

3 Veja a lista dos meus livros no final deste livro e conheça detalhes sobre eles no blog Sopa no Mel em http://sopanomel.blogspot.com/.

Sumário

1. O que muda com o acordo ortográfico 1

O alfabeto 5

O que muda para nós, brasileiros: 6

Ditongos 6

Hiatos 7

Acento diferencial 9

Trema 11

Hífen 12

Outras mudanças 19

O que muda para nossos irmãos lusitanos: 20

Intervalo 23

2. O que permanece igual 29

Acentos que assinalam a sílaba tônica 31

Acentuação dos monossílabos 33

Crase 33

Apêndice - Vocabulário exemplificativo
(em ordem alfabética) 37

1

O QUE MUDA COM O ACORDO ORTOGRÁFICO

Quadro-resumo das mudanças:

1. As letras **k, w** e **y** passam a fazer parte do alfabeto.

2. Os ditongos **ei, eu, oi** com som aberto agora só são acentuados em palavras oxítonas: anéis, céu, corrói. Nas paroxítonas deixam de ser: paranoico.

3. **Baiuca** e **feiura** (ou qualquer outra palavra paroxítona em que o **i** ou **u** forma hiato com um ditongo anterior) perdem o acento.

4. Desaparece o acento circunflexo nas palavras com duplo **o**: o **voo** do pássaro.

5. Desaparece o acento circunflexo nas formas verbais com duplo **e**: Os ateus não **creem** em Deus.

6. Formas verbais como "**averigue**" e "**argue**", antes com acento agudo no **u**, não têm mais acento.

7. O acento diferencial que distingue **fôrma** com som fechado (fôrma de bolo) de **forma** com som aberto (forma de pensar), abolido em 1971, passa a ser opcional. E o que distingue **pôde** de **pode** permanece.

8. Desaparece o acento diferencial entre palavras com mesmo som: ele **para** sempre aqui, o **pelo** do gato, **polo** sul. Exceções:

- verbo **pôr** (Está na hora de **pôr** a mesa.) / preposição **por** (Vou andar **por** aí.);
- verbos **ter**, **vir** e seus compostos (manter, deter, reter, conter, convir, intervir, advir etc.): 3ª pessoa do *plural* do presente do indicativo (eles **têm** muito dinheiro) / 3ª pessoa do *singular* (ele **tem** muito dinheiro).

9. O trema desaparece de nossa língua, com exceção de umas raras palavras derivadas de nomes estrangeiros, como **mülleriano**.

10. Nos encadeamentos vocabulares passa-se a empregar o **hífen** em vez do **travessão**: a ponte Rio-Niterói.

11. Mudanças no emprego do hífen:
- Perdem o hífen: **paraquedas, paraquedista, paraquedismo** e **mandachuva**.
- Ganha um hífen: **arce-bispo**.
- O hífen é obrigatório quando o segundo elemento começa por **h**. Assim, "subepático" passa a se escrever como **sub-hepático**.
- Se o prefixo terminar com a mesma vogal com que começa o segundo elemento, usa-se hífen. Assim, "antiibérico" passa a se escrever como **anti-ibérico**. Se as vogais forem diferentes, não se usa hífen: Assim, "auto-estrada" passa a se escrever **autoestrada**. Exceções: prefixo **co** (cooperação) e os prefixos que sempre pedem hífen: **vice, pré** e **pró**.

> - Se o prefixo termina em vogal e o segundo elemento começa por **r** ou **s**, além de não se usar o hífen, estas consoantes se duplicam. Assim, "anti-séptico" passa a se escrever **antisséptico**.
> - Os prefixos **circum** e **pan** passam a exigir hífen antes de **m** ou **n**: **circum-navegação**.
>
> 12. Os sufixos **-iano** e **-iense** escrevem-se com **i**, não **e**: **acriano** (natural do Acre).
>
> 13. Topônimos (nomes geográficos) devem, na medida do possível, ser aportuguesados.

O ALFABETO

As letras **k**, **w** e **y**, que já haviam entrado de "penetra" no nosso alfabeto (Kuwait, kiwi, quilowatt, yin-yang) agora fazem parte oficialmente. O alfabeto da língua portuguesa, portanto, passa a ser formado por 26 letras. Segundo o acordo ortográfico, as letras novas utilizam-se nestes casos:

a) Em antropônimos originários de outras línguas e seus derivados: Kant, kantismo, Darwin, darwinismo, Byron, byroniano;

6 | Acordo ortográfico

b) Em topônimos originários de outras línguas e seus derivados: Kuwait, kuwaitiano, Malawi, malawiano;

c) Em siglas, símbolos e mesmo em palavras adotadas como unidades de medida de curso internacional: KLM, K (potássio, de *kalium*), kg (quilograma), km (quilômetro), kW (quilowatt), Watt.

E o *kiwi, show* e *playground* nossos de cada dia, como é que ficam? Continuam sendo palavras estrangeiras, devendo ser grafadas em itálico.

O QUE MUDA PARA NÓS, BRASILEIROS:

DITONGOS

Duas vogais juntas podem formar um *ditongo* ou *hiato*. Se ficarem na mesma sílaba, formarão um *ditongo*: Rom**eu**, f**ei**ra, f**oi**ce, p**õe**. Se ficarem em sílabas separadas, formarão um *hiato*: sa-**ú**de, perd**o-e**, Sa-**a**ra. O ditongo pode ter *som aberto* (dança do **créu**) e *fechado* (ele **creu** nas minhas palavras). Compr**ei** (fechado) uns an**éis** (aberto). Fácil, né?

Na ortografia que vigorava no Brasil desde 1971, os ditongos **ei, eu, oi** recebiam acento agudo quando tinham som aberto, para diferenciar do som fechado. Pois bem, segundo o acordo ortográfico, o acento nos ditongos ei, eu, oi abertos *só será mantido nas palavras oxítonas*: anéis, fiéis, papéis, céu(s), chapéu(s), ilhéu(s), véu(s), corrói (de correr), herói(s), remói (de remoer), sóis. Nas paroxítonas, o acento agudo indicativo de ditongo aberto desaparece: alcaloide, eu apoio, tu apoias, assembleia, boleia, ideia, jiboia, onomatopeico, paranoico.

HIATOS

Observe estas duas palavras: **ai** e **aí**. A primeira é um lamento: **Ai**, que dor! A segunda é um advérbio: Não estou nem **aí**. Na primeira palavra, as vogais **a** e **i** formam um ditongo, como em **mais**, **cais**, **vai**. Na segunda palavra, elas formam um hiato, como em aça-í, Paraíba, Jundia-í.

Existe uma regra que diz que devemos acentuar as vogais **i** e **u** quando formam hiato com a vogal anterior, a não ser que formem sílaba com a consoante seguinte, exceto **s**, ou que a sílaba seguinte comece por **nh**. Para que serve esta regra? Para que você saiba que se trata de um **hiato**, e não um **ditongo**. Por exemplo, em "a **baia** do cavalo" temos um ditongo; em a "**baía** da Guanabara" temos um hiato. Outros exemplos:

pais (plural de pai, ditongo)

país (hiato, forma sílaba com s)

cafeína (hiato)

benzoil (hiato, forma sílaba com l)

ruim (hiato, forma sílaba com **m**)

contribuinte (hiato, forma sílaba com **n**)

retribuir (hiato, forma sílaba com **r**)

juiz (hiato, forma sílaba com **z**)

rainha (hiato com **nh** na sílaba seguinte)

Esta regra continua válida. Mas o acordo ortográfico introduz uma mudança sutil. Nas palavras paroxítonas, se a vogal **i** ou **u** for precedida por ditongo, o acento desaparece: as palavras **baiu**ca e **feiu**ra, portanto, perdem o acento. Este preceito não se aplica aos oxítonos: **Piauí**.

Outra mudança que afeta um tipo de hiato é a eliminação do *acento circunflexo nas palavras com duplo o*: no navio sinto **enjoo**, o **voo** do pássaro.

E desaparece também *o acento circunflexo nas formas verbais com duplo e*. Por exemplo, **creem** (3ª pessoa do plural do presente do indicativo do verbo crer: Os ateus não **creem** em Deus), **deem** (3ª pessoa do plural do presente do subjuntivo do verbo dar: É preciso que eles **deem** as mãos), **descreem** (3ª pessoa do plural do presente do indicativo do verbo descrer: Eles **descreem** de tudo), **leem** (3ª pessoa do plural do presente do indicativo do verbo **ler**: Eles **leem** muito), **preveem** (3ª pessoa do plural do presente do indicativo de prever: Os economistas **preveem** turbulências na economia), veem (3ª pessoa do plural do presente do verbo **ver**: No escuro eles não **veem** direito).

Havia uma regra "esdrúxula" (que acho que pouca gente conhecia) segundo a qual o **u** precedido de **g** ou **q** e seguido de **e** ou **i** levava acento agudo. Isso acontecia em verbos como averiguar e arguir: "averigúe", "argúe". Este acento deixa de existir.

ACENTO DIFERENCIAL

Acento diferencial serve para diferenciar palavras distintas, mas que se escrevem da mesma maneira. Por exemplo, ele **tem** vinte anos e eles **têm** muito dinheiro. A reforma ortográfica de 1971 havia abolido o *acento diferencial* entre palavras de *som aberto* e *fechado*. Por exemplo, antigamente a gente acentuava o verbo "colhêr" para diferenciar da "colher" de chá. A única exceção mantida por aquela reforma foi o acento na *terceira pessoa do pretérito perfeito do verbo poder* para distingui-la do *presente*: Hoje ele não **pode** vir. Ontem ele não **pôde** vir. O atual acordo ortográfico mantém esse acento.

Mas a abolição, em 1971, do acento diferencial entre palavras abertas e fechadas (com exceção de pode/pôde) gerou uma polêmica em torno de **forma** com som fechado (uma forma de bolo) e **forma** com som aberto (uma forma de pensar), que se tornaram indistinguíveis, a não ser pelo contexto. O dicionário *Aurélio* considerou inaceitável a abolição do acento diferencial de "**fôrma**", e rebelou-se contra a lei ortográfica. Alegou o Aurélio que, sem o acento, seria impossível distinguir **fôrma** de **for-**

ma nestes versos de Manoel Bandeira: "Vai por cinqüenta anos / Que lhes dei a norma: / Reduzi sem danos / A **fôrmas** a **forma**." Ora, com o novo acordo ortográfico, o *acento diferencial da **fôrma** de bolo passa a ser opcional*, e o dicionário Aurélio deixa de ser rebelde.

Se a reforma ortográfica de 1971 aboliu o *acento diferencial* entre palavras de *som aberto* e *fechado* (com exceção de **pôde/pode**), manteve o acento diferencial entre palavras de mesmo som: por exemplo, o "**pêlo**" do gato/vou sempre **pelo** mesmo caminho. Este tipo de diferencial agora é abolido. Assim, deixam de se distinguir pelo acento: a forma verbal **para** (ele **para** sempre aqui) e a preposição **para** (darei um presente **para** ela), o substantivo **pelo** (o **pelo** do gato) e a contração **pelo** (vou sempre **pelo** mesmo caminho), o substantivo **polo** (**polo** sul) da contração arcaica **polo** (por + lo). As únicas exceções são:

- verbo **pôr** (Está na hora de **pôr** a mesa.) / preposição **por** (Vou andar **por** aí.);

- verbos **ter**, **vir** e seus compostos (manter, deter, reter, conter, convir, intervir, advir etc.): 3ª pessoa do *plural* do presente do indicativo (eles **têm** muito dinheiro, eles **vêm** muito aqui, os livros **contêm** conhecimentos, eles **provêm** do interior) / 3ª pessoa do *singular* (ele **tem** muito dinheiro, ele **vem** muito aqui, este livro **contém** conhecimentos, ele **provém** do interior).

TREMA

Diz o Acordo Ortográfico: "O trema é inteiramente suprimido em palavras portuguesas ou aportuguesadas. Nem sequer se emprega na poesia, mesmo que haja separação de duas vogais que normalmente formam ditongo."

Na poesia clássica, se, por questões de métrica, o ditongo (**sau**dade) devesse ser pronunciado como hiato (**sa-u**dade), este fato se indicava pelo trema: saüdade. Pois tanto o trema "poético" quanto o trema ortográfico deixam de existir no idioma de Camões.

Só há um caso em que o trema é mantido: nas palavras derivadas de nomes próprios estrangeiros: hübneriano, de Hübner, mülleriano, de Müller, etc. Por exemplo, no Google, descobri que existe um tumor mülleriano, papiloma mülleriano, hormônio antimülleriano. Graças, então, ao vocabulário médico o trema ganhará uma sobrevida no nosso idioma. Milagres da medicina moderna!

Roberto Cassano, já com saudades antecipadas do trema, escreveu um "Direito de Resposta do Trema" do qual transcrevo um trecho sem os tremas, já que este livro segue a ortografia nova: "Me espanta a hipocrisia destes mesmos abraçadores de árvores e defensores da ecologia e do sequestro de carbono tirarem dessa forma o acento e o acalento dos pinguins. Agora eles têm de aguentar. Por um, por dez ou por cinquenta anos. Até o fim de tudo. Verão, na pele, a falta que um trema faz, delinquentes ortográficos, seres de índole equina.

Vou-me. Partirei de volta para o velho mundo, onde ainda há espaço para tremas, lamparinas e fados tristes. Saio desta vida para a ubiquidade."[4]

HÍFEN

A ortografia oficial de 1971 preconizava que se usasse o **hífen** para formar palavras compostas — **guarda-chuva**, **banho-maria**, **franco-atirador**, **grão-duque** — mas que, para apenas ligar duas palavras (normalmente nomes próprios) sem criar um novo significado, usássemos o **travessão**: o encontro **Lula—Bush**, a ponte **Rio—Niterói**, o diálogo **governo—oposição**, a estrada **Rio—São Paulo**. Só que na prática não se fazia mais isso: nos dois casos, empregava-se o hífen. O acordo ortográfico vem oficializar esse fato. Diz ele: "Emprega-se o hífen para ligar duas ou mais palavras que ocasio-

---

4 Leia o texto completo do Roberto Cassano na postagem de 29 de setembro de 2008 do "Brogue do Cassano" (www.cassano.com.br/brogue/brogue.htm).

nalmente se combinam, formando, não propriamente vocábulos, mas encadeamentos vocabulares (tipo: a divisa Liberdade-Igualdade-Fraternidade, a ponte Rio-Niterói, o percurso Lisboa-Coimbra-Porto, a ligação Angola-Moçambique, e bem assim nas combinações históricas ou ocasionais de topônimos (tipo: Austria-Hungria, Alsácia-Lorena, Angola-Brasil, Tóquio-Rio de Janeiro, etc.)

Vejamos agora o hífen na formação de *palavras compostas* e quais as mudanças trazidas pelo acordo ortográfico. Mas primeiro vamos entender a lógica das palavras compostas. No meu livro *Português prático* pergunto: "Por que **ponto de vista** (ou **meio ambiente**) não tem hífen e **ponto-de-venda** (ou **meio-campo**) tem?" O fato é que a palavra composta é mais do que a soma de seus elementos. Assim, um **pé de pato** — sem hífen — é o pé do amigo patinho, enquanto um **pé-de-pato** é um calçado de borracha usado por nadadores. Um **leão de chácara** é um mamífero carnívoro, felídeo que habita uma chácara (se é que isto é possível!), enquanto um **leão-de-chácara** é alguém com quem é bom você nem se meter!

Segundo o acordo ortográfico, o hífen continua sendo usado em palavras compostas como **ano-luz, arco-íris, decreto-lei, médico-cirurgião, tenente-coronel, tio-avô, turma-piloto, alcaide-mor, amor-perfeito, guarda-noturno, mato-grossense, norte-americano,** azul-escuro, luso-brasileiro, primeiro-ministro, primeiro-sargento, segunda-feira; conta-gotas, guarda-chuva. Mas em alguns casos de composição, o hífen se perdeu, e as palavras se juntaram: **girassol, madressilva, pontapé**. Passam agora a fazer parte desta lista: **paraquedas** (que até agora escrevíamos "pára-quedas"), **paraquedista, paraquedismo** e **mandachuva**.

Há um caso de um hífen que já havia se perdido e agora volta: **arce-bispo**. Será que esta lei pega?

Outro ponto que costuma gerar dúvida é o hífen após prefixos. **Prefixos** são elementos, geralmente gregos ou latinos, que se antepõem às palavras, mudando-lhes o sentido. Exemplos de prefixos: **extra** (extraconjugal) e **neo** (neoliberalismo). O prefixo pode ou não estar separado do segundo elemento por hífen. Com o acordo ortográfico, as regras que determinam quando devemos usar hífen sofrem estas mudanças.

1) O hífen é obrigatório quando o segundo elemento começa por **h**. Assim, "subepático" passa a se escrever como **sub-hepático**.

2) Se o prefixo terminar com a mesma vogal com que começa o segundo elemento, usa-se hífen. Assim, "antiibérico" passa a se escrever como **anti-ibérico**; "arquiinimi-

go" passa a se escrever como **arqui-inimigo**; "microondas" passa a se escrever como **micro-ondas**. Por outro lado, se as duas vogais são diferentes, não se usa o hífen: assim, "extra-oficial" passa a se escrever como **extraoficial** e "auto-estrada" passa a se escrever **autoestrada**.

O acordo ortográfico prevê uma exceção, o prefixo **co**, que se aglutina com o segundo elemento mesmo que este comece por o. Assim, continuaremos escrevendo **coordenar**, **cooperar**, etc. Além disso, ao determinar que os prefixos **vice**, **pré** e **pró** sempre exigem hífen, subentende-se que neste caso não vale a "regra da mesma vogal". O acordo dá este exemplo: **pré-escolar**.

3) Se o prefixo termina em vogal e o segundo elemento começa por r ou s, além de não se usar o hífen, estas consoantes se duplicam. Assim, "anti-séptico" passa a se escrever **antisséptico**, num retorno ao que deve ter sido a grafia original, como vemos no rótulo do Polvilho Antisséptico Granado.

4) Os prefixos **circum** e **pan** até agora exigiam hífen antes de **vogal** e h: **circum-adjacente**, **pan-helênico**. Com o acordo, passam a exigir também antes de **m** ou **n**: **circum-murado**, **circum-navegação**, **pan-mágico**, **pan-negritude**.[5]

---

5 Na prática, já se usava o hífen após **pan** e antes de **m**. Ver verbete **pan-mixia** no *Aurélio* ou *Houaiss*.

A esta altura você deve estar pensando: estas são as mudanças, tudo bem, entendi direitinho. Mas e as regras que não mudaram? Na prática, na hora de escrever uma palavra que contenha prefixo, como fazer? Para facilitar sua vida, segue uma tabela dos prefixos, em ordem alfabética, mostrando quando exigem hífen. E em seguida vem um resumo das regras.

O prefixo...	...exige hífen antes de:	Exemplos:
Além	todas as letras	além-túmulo
Ante	e, h	ante-hipófise, antessala
Anti	h, i	antiaéreo, anti-horário, antissemita
Aquém	todas as letras	aquém-mar
Arqui	h, i	arqui-inimigo, arquirrival
Auto	h, o	autoanálise, autoescola, auto-hipnose
Circum	vogal, h, m, n	circum-adjacente, circum-navegação
Contra	a, h	contra-almirante, contradança, contrarregra
Ex	todas as letras	ex-prefeito
Extra	a, h	extra-abdominal, extraconjugal, extraoficial
Hiper	h, r	hiperacidez, hiper-realismo

Infra	a, h	infra-axilar, infraestrutura, infrassom
Inter	h, r	interamericano, inter-racial
Intra	a, h	intra-abdominal, intrapulmonar
Mal	vogal, h	mal-acostumado, malcriado, mal-humorado
Micro	h, o	micro-hábitat, micro-ondas
Mini	h, i	minijardim, mini-homem
Neo	h, o	neoliberalismo, neo-hegelianismo, neo-ortodoxo
Pan	vogal, h, m, n	pan-americano, pan-helênico, pan-negritude
Para	todas as letras - exceções: paraquedas, paraquedista	para-brisa, para-choque, para-raios
Pós	todas as letras - exceção: posfácio	pós-operatório
Pré	todas as letras - ver exceções abaixo	pré-operatório, pré-natal
Pró	todas as letras	pró-americano

Proto	h, o	proto-história, protoindo-europeu
Pseudo	h, o	pseudoarte, pseudo-ortorrômbico
Recém	todas as letras	recém-casado
Sem	todas as letras	sem-teto
Semi	h, i	seminovo, semi-internato, semirreta
Sobre	e, h	sobre-humano, sobremesa
Sub	b, h, r	sub-bloco, sub-raça
Super	h, r	super-homem
Supra	a, h	supra-axilar, supranacional
Ultra	a, h	ultrajovem, ultra-hiperbólico
Vice	todas as letras	vice-presidente, vice-reitor

Exceções do prefixo *pré*: precondição, predeterminar (predeterminação, predeterminado etc.), predefinir (predefinição, predefinido), predizer, preestabelecer, preexistir (preexistente etc.), prejulgar, prenome, pressupor.

Observe que nesta tabela podemos abstrair estas "regras gerais":

1) Sempre se usa hífen com os prefixos **além, aquém, ex, para** (exceto paraquedas, paraquedista, paraquedismo), **pós** (exceto posfácio), **pré** (salvo algumas exceções), **pró, recém, sem, vice.**

2) Sempre se usa hífen quando o segundo elemento começa com **h.**

3) Sempre se usa hífen se o prefixo (excetuando os do item 1) termina com a mesma vogal com que começa o segundo elemento. Se as vogais forem diferentes, não se usa hífen.

4) Usa-se hífen se o prefixo termina com a mesma consoante com que começa o segundo elemento.

É isto aí!

Outras mudanças

O acordo ortográfico preconiza que se use **i**, e não **e**, nos adjetivos e substantivos derivados com sufixos -**iano** e -**iense**. Assim, "**acreano**" passa a se escrever **acriano** (o acordo cita explicitamente este exemplo). Será que esta lei vai mesmo pegar e escreveremos **coriano** (natural ou habitante da Coréia), **booliano** (relativo ao matemático Boole), **galiliano** (relativo a Galileu) etc.?

Finalmente, o acordo ortográfico recomenda que os

topônimos (nomes de lugares) sejam, na medida do possível, aportuguesados. Em parte isso já acontece: dizemos **Antuérpia**, e não Anvers; **Genebra**, e não Genève; **Zurique**, e não Zürich; **Munique** (no texto do acordo ortográfico consta Muniche!), e não München. Mas às vezes a gente dá umas escorregadas e angliciza o topônimo, em vez de aportuguesar: caso de "Burma" no lugar de Birmânia, "Singapura" em vez de Cingapura, Bavaria em vez de Baviera. Aliás, nesse processo de aportuguesamento de topônimos, os irmãos lusitanos vão mais longe do que nós: Frankfurt lá é Francoforte (não acredita? Pesquise no Google!), Bonn é Bona, Amsterdam é Amsterdão etc. Será que nós, brasileiros, levaremos a esse ponto o aportuguesamento?

O QUE MUDA PARA NOSSOS IRMÃOS LUSITANOS:

Basicamente o que muda no português do ultramar é a eliminação das letras **c** e **p** *mudas* antes de **c**, **ç** e **t**. Assim, "acção", "colecção", "Egipto" etc. passarão a ser escritas como no Brasil. Mas quando essas letras são pronunciadas, permanecem. É o caso de **compacto, convicção, convicto, ficção, friccionar, pacto, adepto, apto, díptico, erupção, eucalipto, inepto, núpcias, rapto**. E quando elas estão na fronteira entre o pronunciado e o mudo, podem se escritas das duas maneiras. É o caso de **aspecto** e **aspeto** (por incrível que pareça, as duas formas já eram corretas e continuam sendo), **cacto** e **cato** (!), **caracteres** e **carateres**, **dicção** e **dição**, **facto** e **fato**, **sector** e **setor**, **ceptro** e **cetro**, **concepção** e **conceção**, **corrupto** e **corruto**, **recepção** e **receção**. Mas nós, brasileiros, simplesmente vamos continuar escrevendo tais palavras como sempre fizemos.

Quanto ao **b** antes de **d** e **t**, sua eliminação é facultativa: assim, os irmãos lusitanos poderão continuar escrevendo **súbdito** enquanto nós, deste lado do Atlântico, prosseguiremos escrevendo **súdito**. O mesmo acontece com o **m** antes de **n**: **amnistia/anistia**. Mas dos dois lados do Atlântico as sequências **gd** (amí**gd**ala) e **tm** (arit**m**ética) permanecem.

Outra mudança que afeta os portugueses é a eliminação do hífen na ligação das formas monossílabas do presente do verbo **haver** com a preposição **de**: assim, o livro *Hei-de amar uma pedra*, de António Lobo Antunes, passará a se chamar *Hei de amar uma pedra*.

Pode parecer que mudam mais coisas para nós do que para os portugueses, mas em termos de quantidade de palavras, eles serão mais afetados, já que é relativamente grande o número de palavras com consoantes mudas eliminadas.

Antes de vermos o que permanece igual, um breve intervalo para recuperar o fôlego.

INTERVALO

Português do Brasil e português de Portugal

No tempo em que os aviões faziam escala em Recife, Dacar e Lisboa, para depois prosseguirem até a Europa Central, um amigo de meu pai, diante do sotaque incompreensível do lusitano que o atendeu na lojinha do aeroporto de Lisboa, acabou apelando para o idioma universal:

— *Do you speak English?*

E pediu seu cafezinho em bom inglês. Em pleno Portugal!

Eu mesmo, quando estudante universitário, mochila às costas, em viagem econômica pelos países da Europa, ao desembarcar no Aeroporto de Lisboa, fui protagonista deste diálogo surreal:

— Poderia me informar onde pego um ônibus para o "Róssio" (me pareceu lógico que Rossio fosse paroxítono e se pronunciasse com r forte, de roupa, e o aberto).

— Um ônibus para o "Róssio"? (Cara de espanto — espanto português.)

— Isso mesmo, um ônibus para o "Róssio".

O guarda pensou pensou, até que veio o estalo.

— Ah, sim, agora "intindi": o senhor quer tomar um **autocarro** para o "Russiiiu"...

Nessa estada na simpática Lisboa, aos 21 anos de idade, vim a descobrir as diferenças entre o português do Brasil e o português de Portugal: que ônibus era **autocarro**, a parada era **paragem**, o ponto final, **zona**, o bonde, **eléctrico**, o trem, **comboio**, que uma bebida gelada era **fresca** e sem gelo, **ao natural**, que camiseta era **camisola** etc.

Mais de uma década depois, minha então esposa e eu fizemos uma viagem de ônibus entre duas capitais da Europa, junto com um casal de santistas que tínhamos acabado de conhecer. Viagem noturna, ônibus desconfortável (na Europa, rico anda de avião, classe média, de trem e os mais ferrados, de ônibus). Para matar o tempo, pusemo-nos a desfiar um rosário de piadas. Claro que, a certa altura, começamos a lembrar todas aquelas velhas piadas de português que a gente ouve desde criança. Era um tal de Joaquim pra cá, Manel pra lá, Maria fazendo uma ou outra ponta. Interessante é que havia outra pessoa, mais atrás no ônibus, que também estava rindo das piadas. Vez ou outra, virávamos pra trás tentando descobrir quem era, até que enfim conseguimos flagrar nossa companheira de idioma. Perguntamos:

— Gostou da piada?

— Bestial! — Nosso sangue gelou...

— A senhora é...

— Do Porto!

No jornal *Sol Português*, da comunidade portuguesa do Canadá, encontro anúncio de casa com "3 quartos de cama, 2 quartos de banho, estacionamento para 2 carros, cave acabada". Na seção de classificados, "senhoras delicadas e amorosas fazem massagens em privado" e astrólogo curandeiro da Guiné-Bissau explica que "um dos problemas mais fáceis de combater é a impotência sexual, que actualmente afecta muito os casais, por vezes por questão de peso a mais, diabetes ou colesterol alto e para os quais a solução é a medicina tradicional, como a peticola, o pau de bicilom, barcolomo, assim como óleo de crocodilo e sumo de cabaceira."

As diferenças entre os dois portugueses são bem realçadas por esta frase hilária, que para o brasileiro se afiguraria chula, mas que para um português não teria a menor maldade: **O PUTO POSTOU-SE NO RABO DA BICHA COM DOIS PAUS NA ALGIBEIRA** (Tradução: O menino entrou no fim da fila com dois escudos no bolso.)

E viva o idioma português! Seja ele do Brasil, de Portugal, seja de onde for!

2

O QUE PERMANECE IGUAL

ACENTOS QUE ASSINALAM

A SÍLABA TÔNICA

Uma função importante dos acentos é assinalar a sílaba tônica. Graças ao acento conseguimos distinguir o "**coco** da Bahia" do "**cocô** do bebê", o "**sabiá** cantador" de "você **sabia**? (verbo saber)" e da "mulher sábia". Se você ainda não se convenceu da importância do acento, tente escrever **cágado** sem o acento e veja o que acontece com o pobre animalzinho!

No tocante à sílaba tônica, as palavras podem ser oxítonas (café), paroxítonas (lápis) ou proparoxítonas (página)[6].

---

6 A palavra é *oxítona* se a sílaba tônica (a sílaba forte) é a *última*: café, ali, Piauí, maracujá, futebol. Se a sílaba tônica é a *penúltima*, a palavra é *paroxítona*: idade, aluno, preparatório, cantoria, castelo. Quando a *antepenúltima* sílaba é a tônica, a palavra é *proparoxítona*.

As regras de acentuação referentes à sílaba tônica podem ser resumidas neste quadro:

CASO	QUANDO SE ACENTUA	EXEMPLO(S)
palavra proparoxítona	sempre	lábaro
palavra paroxítona	- Quando terminada em **i(s)** ou **u(s)**	júri, lápis, vírus
	- Quando terminada em **l, n, ns** (exceto com terminação **ens: hifens**), **r, x**	fácil, hífen, prótons, açúcar, tórax
	- Quando terminada em **um/uns**	álbum, álbuns
	- Quando terminada em ditongo (ainda que seguido de s)	pátria, pátrias
	- Quando terminada em **ão(s)/ã(s)**	órfão, órfã, órfãs
	- Quando terminada em **ps**	fórceps
palavra oxítona	- Quando terminada em **a(s), e(s), o(s)**	Pará, Pelé, bocó, bocós
	- Quando terminada em **em** ou **ens**	armazém, armazéns

ACENTUAÇÃO DOS MONOSSÍLABOS

Vimos que uma das funções dos acentos é indicar a **sílaba tônica**, a sílaba forte de uma palavra. Mas quando a palavra é um **monossílabo** (*mónos* em grego significa "único": monogâmico, monoteísmo), não há problema de sílaba tônica — só existe uma sílaba. Nesse caso, o acento indica apenas se o monossílabo é **átono** ou **tônico**, se ele tem **som fraco** ou **forte**. Em "Tenha dó do menino", **dó** é um monossílabo tônico (som forte), e **do** é um monossílabo átono (som fraco). Em "Eles se conheceram na Sé" **se** é monossílabo átono e **Sé**, tônico.

Eis a regra de acentuação dos monossílabos: Acentuam-se os monossílabos tônicos terminados em **a(s), e(s), o(s)**. Dó, ré, mi, fá, sol, lá, si. Menina má. Meninas más.

CRASE

Muita gente deve ter torcido para que a crase fosse eliminada na ortografia nova. Não foi. Mas a crase não é um bicho-de-sete-cabeças. Ela tem uma lógica. Vejamos.

Seja a frase: Dei o bombom **para o** menino. No feminino: Dei o bombom **para a** menina. Posso substituir a preposição **para** pela preposição **a**: Dei o bombom **ao** menino. Observe que aqui a preposição **a** e o artigo **o** se combinaram numa só palavra: **ao**. Agora coloque "Dei a bombom **ao** menino" no feminino (substituindo menino por menina).

34 | Acordo ortográfico

Dei o bombom **aa** menina? Neste caso, a preposição **a** e o artigo **a** se fundem. A fusão de duas vogais **a** chama-se *crase* e é indicada pelo acento grave: Dei o bombom **à** menina. Esta é a lógica da crase![7]

---

[7] No meu livro *Erros nunca mais* dou alguns macetes práticos e exercícios para você se vacinar contra os erros de crase.

APÊNDICE

Vocabulário exemplificativo (em ordem alfabética)

à queima-roupa

abstém / abstêm

acém

acórdão (pl. acórdãos)

acriano (de Acre)

açúcar (pl. açúcares)

adail

adepto

advém / advêm

aeroespacial

afro-asiático

agroindustrial

água-de-colônia

aí

ainda

Ájax

alaúde

álbum (pl. álbuns)

alcaide-mor

alcaloide

além-Atlântico

além-fronteiras

além-mar

aljôfar (pl. aljôfares)

almíscar (pl. almíscares)

amáreis (de amar)

amáveis (de amar)

amável (pl. amáveis)

âmbar (pl. âmbares)

amiúde

amoré-guaçu

amor-perfeito

anajá-mirim

anéis

Aníbal

ano-luz

antiaéreo

anti-higiênico

anti-ibérico

antirreligioso

antissemita

ânus

ao deus-dará

apoio (do verbo apoiar) / apoio (subst.)

apto

aquém-Pireneus

Araújo

arco-da-velha

arco-íris

argua, arguas, arguam

arguo, arguis, argui, arguem

assembleia

Ataíde

até

atraí / atraíam / atraísse (de atrair)

autoaprendizagem

autoestrada

auto-observação

averigue, averigues, averiguem

averiguo, averiguas, averigua, averiguam

avó(s) / avô(s)

azul-escuro

baía

bainha

baiuca

balaústre

batéis

baú

bem-aventurado

bem-criado (cf. malcriado)

bem-estar

bem-humorado

bem-me-quer (cf. malme-quer)

bem-nascido (cf. malnasci-do)

bem-soante (cf. malsoante)

bem-te-vi

bem-visto (cf. malvisto)

bênção(s)

beribéri (pl. beribéris)

bíceps (pl. bíceps)

bílis (sg. e pl.)

boiuno

boleia

cadáver (pl. cadáveres)

cafeína

cais (substantivo) / caís (de cair)

Câncer

cânon, var. cânone (pl. cânones)

cantaríeis (de cantar)

cão de guarda

capim-açu

caráter ou carácter (mas pl. carateres ou caracteres)

cauim

céu(s)

chapéu(s)

cheiinho (de cheio)

circum-navegação

ciúme

cobra-d'água

Coimbra

colher (ê - verbo) / colher (é -substantivo)

compacto

constituinte

cônsul (pl. cônsules)

conta-gotas

contém / contêm

contra-almirante

contrarregra

contrassenha

convém / convêm

convicção

convicto

cor (ô - substantivo) / cor (ó - elemento da locução "de cor")

cor-de-rosa

corrói (de corroer)

cortês

córtex (pl. córtex; var. córtice, pl. córtices)

cosseno

couve-flor

creem

dândi(s)

dê

decreto-lei

deem (subj.)

demiurgo

descreem

deténs / detém / detêm

devêreis (de dever)

díptico

distraiu

dócil (pl. dóceis)

dólmen (pl. dólmenes ou dolmens)

dominó(s)

dúctil (pl. dúcteis)

éden (pl. édenes ou edens)

egoísmo

eletro-ótica

enjoo (substantivo e flexão de enjoar)

entreténs / entretém / entretêm

enxague, enxagues, enxaguem

enxaguo, enxaguas, enxagua, enxaguam

epopeico

erupção

erva-doce

ervilha-de-cheiro

és

Esaú

escrevêsseis (de escrever)

estás, está

Estêvão

estroina

eucalipto

ex-almirante

ex-diretor

ex-presidente

ex-primeiro-ministro

extraescolar

extrarregular

fáceis (pl. de fácil)

faísca

feiura

ficção

fiéis

fim de semana

finca-pé

fizéreis / fizésseis (de fazer)

fórceps (pl. fórceps; var. fórcipe, pl. fórcipes)

fôreis (de ser e ir)

fórum (pl. fóruns)

fôsseis (de ser e ir)

fóssil (pl. fósseis)

friccionar

graúdo

guarda-chuva

guarda-noturno

harém (pl. haréns)

herói(s)

heroico

hidroelétrico

hiper-requintado

hóquei

húmus (sg. e pl.)

ideia

ilhéu(s)

ímpar (pl. ímpares)

índex (pl. índex; var. índice, pl. índices)

inepto

influir / influirmos / influís-

te (de influir)

infrassom

instruiu

inter-resistente

intervém / intervêm

introito

íris (sg. e pl.)

já

jiboia

jóquei (pl. jóqueis)

juiz

juízes

júri (pl. júris)

lê

leem

lês (de ler)

líquen (pl. líquenes)

Luís / Luísa

lúmen (pl. lúmenes ou lu-

Apêndice | 43

mens)

luso-brasileiro

mais-que-perfeito

mal-afortunado

mal-estar

mal-humorado

mandachuva

mantém / mantêm

mato-grossense

médico-cirurgião

Mênfis

micro-onda

microrradiografia

microssistema

minissaia

miúdo

moinho

neo-helênico

norte-americano

núpcias

oásis (sg. e pl.)

obtém / obtêm

olá

olé

onomatopeico

órfã (pl. órfãs)

órgão (pl. órgãos)

oriundo

pacto

país

paletó(s)

pan-africano

pan-helenismo

pan-negritude

papéis

para (flexão de parar e preposição)

paraíso

paranoico

paraquedas

paraquedista

paul (pl.pauis)

pé-de-meia

pela(s) (substantivo, flexão de pelar e combinação de per e la(s))

pelo (é - flexão de pelar) / pelo(s) (ê - substantivo ou combinação de per e lo(s))

pênsil (pl. pênseis)

Piauí

plâncton (pl. plânctons)

plurianual

pode (3ª pessoa do singular do presente do indicativo) / pôde (3ª pessoa do singular do pretérito perfeito do indicativo)

polo(s)

pontapé(s)

por (preposição) / pôr (verbo)

porém

porto-alegrense

português

pôs (de pôr)

pós-graduação

povoo (flexão de povoar)

pré-escolar

pré-história

pré-natal

prever (preveem)

primeiro-ministro

primeiro-sargento

pró-europeu

proteico

provéns, provém / provêm

rainha

Apêndice | 45

rainha-cláudia

raiz (pl. raízes)

rapto

Raul

recaída

recém-casado

recém-nascido

releem

remói (de remoer)

réptil (pl. répteis; var. reptil, pl. reptis)

reveem

robô(s)

ruim (pl. ruins)

ruína

saída

saiinha (de saia)

sala de jantar

sanduíche

segunda-feira

sem-cerimônia

semi-interno

sem-número

sem-vergonha

só(s)

sobrevém / sobrevêm

sóis

sótão (pl. sótãos)

sub-hepático

sul-africano

super-homem

super-revista

também

Tânger

tem / têm

tenente-coronel

têxtil (pl. têxteis)

tio-avô

tórax (pl. tórax ou tóraxes; var. torace, pl. toraces)

triunfo

tuiuiú(s)

turma-piloto

veem (verbo ver)

vêm (verbo vir)

véu(s)

vice-presidente

vice-reitor

vírus (sg. e pl.)

você(s)

vôo (substantivo e flexão de voar)

zoina

zoo

LIVROS DE IVO KORYTOWSKI

Aos leitores de *Acordo ortográfico: O que muda e o que continua igual na língua portuguesa* ficam aqui os meus agradecimentos. E conheçam meus outros livros:

Édipo (contos). Rio de Janeiro, Editora Ciência Moderna, 2004.

Português prático: Um jeito original de tirar suas dúvidas de português. Rio de Janeiro: Editora Campus/Elsevier, 2004.

Erros nunca mais: Os principais erros de português e como se vacinar contra eles. Rio de Janeiro: Editora Campus/Elsevier, 2008.

A arte da escrita: Trinta dicas para você aprender a escrever como os grandes mestres. Rio de Janeiro, Editora Ciência Moderna, 2008.

Manual do poeta. Rio de Janeiro, Editora Ciência Moderna, 2008.

Sopa no mel: Curiosidades da língua. Rio de Janeiro, Editora Ciência Moderna, 2008.

Visite os meus blogs:

Sopa no Mel: http://sopanomel.blogspot.com/

Literatura & Rio de Janeiro: http://literaturaeriodejaneiro.blogspot.com/

Manual do Poeta - Tudo que Você Gostaria de Saber sobre a Arte Poética

Autor: Ivo Korytowski
80 páginas
1ª edição - 2008
Formato: 14 x 21
ISBN: 9788573937237

Diz o ditado popular que de médico e louco todos temos um pouco. Eu acrescentaria: de poeta, médico e louco, todos temos um pouco. Quem nunca na vida cometeu um poema (ou nunca se sentiu imbuído do espírito poético) atire a primeira pedra! Tem gente que acha que fazer poesia é botar pra fora (botar pra fora mesmo, como que num parto) uma seqüência de frases bonitas dividindo o texto (mais ou menos arbitrariamente) em versos, pra ficar diferente de prosa. Mas poesia não é bem isso. A poesia tem suas regras, seus macetes, suas técnicas, seus recursos. E como toda arte, envolve transpiração, além de inspiração. É o que veremos neste livro, caro leitor. Assim como o advogado precisa conhecer o código penal e o médico precisa saber anatomia, o poeta precisa conhecer os recursos da escrita poética. No Manual do Poeta, o autor aborda, em linguagem acessível e de leitura agradável, tudo que você gostaria de saber sobre a arte poética poesia, poema, verso, estrofe, métrica, rima, ritmo ou cadência, sonoridade, recursos de construção, recursos imagísticos, prosa poética versus poesia prosaica, soneto, baicai, poetrix, trova, balada, alegia, ode, repente, cordel ilustrado por versos de poetas brasileiros, dos clássicos aos contemporâneos.

À venda nas melhores livrarias.

Impressão e acabamento
Gráfica da Editora Ciência Moderna Ltda.
Tel: (21) 2201-6662